www.ingramcontent.com/pod-product-compliance
Lightning Source LLC
Chambersburg PA
CBHW082016230526
45466CB00022B/2383
* 9 7 8 1 6 5 7 2 6 9 2 5 5 *